¿QUÉ SON LOS RECURSOS?

LAURA LORIA

Britannica
Educational Publishing

IN ASSOCIATION WITH

ROSEN
EDUCATIONAL SERVICES

Published in 2017 by Britannica Educational Publishing (a trademark of Encyclopædia Britannica, Inc.) in association with The Rosen Publishing Group, Inc.

29 East 21st Street, New York, NY 10010

Distributed exclusively by Rosen Publishing.

To see additional Britannica Educational Publishing titles, go to rosenpublishing.com.

First Edition

Britannica Educational Publishing
J.E. Luebering: Executive Director, Core Editorial
Mary Rose McCudden: Editor, Britannica Student Encyclopedia

Rosen Publishing
Heather Moore Niver: Editor
Nelson Sá: Art Director
Brian Garvey: Designer
Cindy Reiman: Photography Manager
Heather Moore Niver: Photo Researcher

Cataloging-in-Publication Data

Names: Loria, Laura, author.
Title: ¿Qué son los recursos? / Laura Loria, translated by Ana Garcia.
Description: First Edition. | New York : Britannica Educational Pub., 2017. |
Series: Conozcamos nuestra economía | Audience: Grades 1-4. |
Includes bibliographical references and index.
Identifiers: ISBN 9781508102663 (library bound : alk. paper)| ISBN 9781508102649 (pbk. : alk. paper) | ISBN 9781508102656 (6-pack : alk. paper)
Subjects: LCSH: Natural resources--Juvenile literature. | Human capital--Juvenile literature.
Classification: LCC HC85 .L67 2017 | DDC 333.7--dc23

Manufactured in the United States of America

Photo Credits: Cover, interior pages background image science photos/Shutterstock.com; p. 4 Randy Faris/Fuse/Thinkstock; p. 5 moodboard/Thinkstock; p. 6 Jupiterimages/Pixland/Thinkstock; p. 7 statu-nascendi/iStock/Thinkstock; p. 8 © iStockphoto.com/Imgorthand; p. 9 LifesizeImages/Digital Vision/Thinkstock; p. 10 Keita Sawaki/a.collectionRF/Thinkstock; p. 11 tvirbickis/iStock/Thinkstock; p. 12 Jupiterimages/Stockbyte/Thinkstock; p. 13 © iStockphoto.com/lissart; p. 14 © iStockphoto.com/travenian; p. 15 © iStockphoto.com/Pobytov; p. 16 LifesizeImages/Photodisc/Thinkstock; p. 17 © iStockphoto.com/JoelJoson; p. 18 Goodluz/iStock/Thinkstock; p. 19 © iStockphoto.com/Art-Of-Photo; p. 20 mavoimages/iStock/Thinkstock; p. 21 Prasit Rodphan/iStock/Thinkstock; p. 22 Christopher Robbins/Photodisc/Thinkstock; pp. 22-23 roman023/iStock/Thinkstock; p. 24 KatarzynaBialasiewicz/iStock/Thinkstock; p. 25 Money Sharma/AFP/Getty Images; p. 26 Simon Dannhauer/iStock/Thinkstock; pp. 26-27 Jacob Ammentorp Lund/iStock/Thinkstock; p. 28 plusphoto/a.collectionRF/Thinkstock; p. 29 Zoonar/J.Wachala/Thinkstock

CONTENIDO

LA RECETA DEL ÉXITO

Cuando quieres comprarte un libro o un juego, alguien tiene primero que hacerlo, otro tiene que venderlo y será entonces cuando puedas comprarlo. Así es como funciona la economía. La economía es la parte de la sociedad que genera dinero al crear y vender productos.

Los productores proporcionan los bienes y servicios. Después, otras personas pagan

La mayoría de las cosas que usamos son hechas, vendidas y compradas por personas. Este niño es consumidor de juegos de vídeo.

CONSIDERA ESTO

¿Por qué es más fácil utilizar dinero para comprar lo que necesitas en vez de intercambiar algo por ello?

Los bienes de una tienda muestran el trabajo de quienes los hicieron, empacaron, enviaron y pusieron en los estantes.

por estos bienes y servicios con dinero.

Las personas que compran productos se llaman consumidores. En otra época, la gente solía intercambiar productos o servicios para conseguir lo que necesitaba. Aunque hoy todavía se hace, generalmente se usa dinero.

Los productores utilizan recursos para fabricar bienes y proporcionar servicios. Los recursos pueden dividirse en tres categorías: la tierra (o recursos naturales), la mano de obra (o trabajadores) y el capital (o herramientas y equipo).

LO QUE COMPRAMOS

Las cosas que obtenemos con dinero se llaman productos. Hay dos tipos de productos: los bienes y los servicios. Los bienes son cosas que podemos tocar. La comida, la ropa y los aparatos electrónicos son ejemplos de bienes. Los servicios son cosas que otras personas hacen por ti, como cortarte el pelo o hacerte una limpieza dental.

Podemos dividir los productores en diferentes

Un bien es un objeto, como estos audífonos y computadora. Los consumidores compran bienes, en tiendas o en línea.

categorías. Algunos productores proporcionan bienes. Una categoría amplia es la fabricación. Los fabricantes consiguen recursos, como son los metales, la madera, el acero o la tela, y los transforman en bienes para la venta. Pueden elaborar los productos a mano o utilizando máquinas. En las industrias agrícolas se cultivan diferentes alimentos, se crían animales y se cortan árboles para obtener madera. Los mineros excavan la tierra para obtener los metales que utilizan como recurso, y para conseguir carbón y petróleo con los que proporcionarán energía.

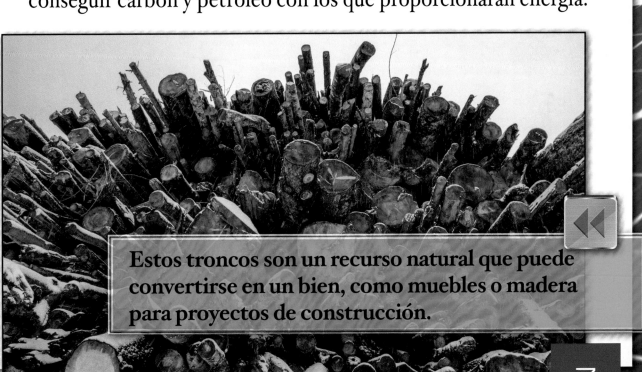

Estos troncos son un recurso natural que puede convertirse en un bien, como muebles o madera para proyectos de construcción.

La comida que consumimos en restaurantes es un bien. El cocinero que prepara la comida y el mesero que la sirve ofrecen un servicio.

Los bienes se venden en negocios que se dedican al comercio. La venta al por mayor se produce cuando la compra se realiza entre empresas. La venta al por menor se da cuando la gente compra en una tienda. Dentro de esta categoría entran todo tipo de tiendas: de comestibles, de ropa, ferreterías y restaurantes.

Otras empresas proporcionan servicios. Las empresas constructoras construyen casas, escuelas y oficinas. La industria del

Los ferrocarriles prestan un servicio llevando a las personas adonde quieren ir y transportando bienes a grandes distancias.

transporte mueve gente o bienes de un lugar a otro. Aquí se incluyen los aviones, autobuses, barcos, camiones y trenes.

La industria de servicios también incluye escuelas, hoteles, talleres mecánicos y hospitales, es decir, los lugares donde la gente recibe servicios de profesionales.

COMPARA Y CONTRASTA

Si tuvieras un negocio, ¿sería de bienes o de servicios? ¿Crees que uno sea más importante que el otro?

Otras áreas de servicios son las relacionadas con las finanzas, que incluyen bancos y seguros, y la administración pública, como la policía y otros servicios públicos.

DE LA TIERRA

Hay tres factores que influyen en la producción de los bienes y de los servicios. El primero es el suelo. Nos imaginamos el suelo como una parte de la superficie terrestre pero, en economía, suelo significa tanto el lugar donde se trabaja como los recursos naturales. Los recursos naturales son elementos que se encuentran en la naturaleza y que pueden ser utilizados por la gente. Esto incluye, por ejemplo, árboles,

Un factor de producción, llamado tierra, está a nuestro alrededor, Incluye cualquier cosa que se encuentre en la naturaleza que pueda usarse para hacer un producto. .

CONSIDERA ESTO

¿Qué tipo de recursos crees que se utilizan en la fabricación de un libro, de una cuerda para saltar o de una prenda de vestir?

minerales, carbón o petróleo.

Piensa en un producto sencillo, como una galleta de chocolate. Imagina todo lo que se ha utilizado para hacerla. La harina, el azúcar, el chocolate y la vainilla, provienen de plantas cultivadas. Los huevos se obtienen de las gallinas y la mantequilla se hace con leche de vaca.

La energía que se utiliza para hornear las galletas procede de varios recursos naturales.

Estos ingredientes son recursos naturales. Una variedad de plantas y productos animales se combinan para crear una rica galleta de chocolate.

11

LOS RECURSOS

Algunos recursos naturales son ilimitados. Esto significa que tenemos más que suficiente de este recurso en el mundo. Por ejemplo, el agua. Si bien es cierto que el agua no está disponible en todo el mundo, es abundante. Otro ejemplo de

Algo que es **abundante** está disponible en grandes cantidades.

El agua es un recurso de la tierra que puede hallarse en muchos lugares. Puede usarse para muchos fines.

recurso ilimitado es el viento. El viento puede utilizarse para generar electricidad, que proporciona energía en las casas y en las fábricas. La energía solar, o energía que

12

El cobre es un recurso limitado. Debe extraerse del suelo. Cuando una veta de cobre se agota, se debe encontrar otra.

proviene del Sol, es también ilimitada.

Algunos de los recursos más valiosos son limitados. Esto quiere decir que no hay mucho. Una vez que los agotemos, no podremos disponer de más. Los minerales, como el aluminio o el cobre, son limitados. Otro recurso limitado es el petróleo, utilizado en la fabricación de plásticos y gasolina. Puede haber más recursos limitados de los que conocemos, pero seguramente será demasiado difícil obtenerlos.

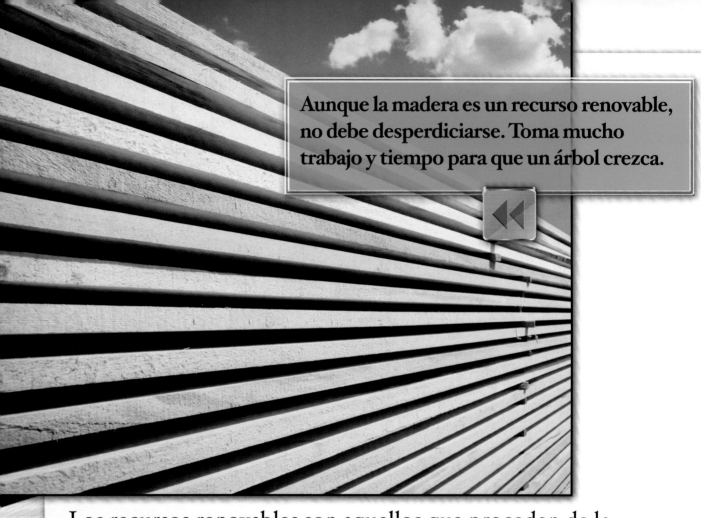

Aunque la madera es un recurso renovable, no debe desperdiciarse. Toma mucho trabajo y tiempo para que un árbol crezca.

Los recursos renovables son aquellos que proceden de la tierra y de los que podemos conseguir más. Normalmente este tipo de recursos son los que se pueden cultivar. La madera es un recurso renovable. Para obtener más madera, podemos plantar más árboles. Si las empresas madereras plantan más árboles de los que cortan, tendrán

más árboles de los que
disponer en el futuro.

Los cultivos son otro tipo de
recurso renovable. La fruta, las
verduras o los cereales producen
semillas que se siembran en
la tierra para que crezca otra planta. Las tierras de cultivo
son otro ejemplo de recurso renovable.
Por supuesto, no podemos
"fabricar" más
suelo, pero sí
utilizarlo cada
estación
para
cultivar
más
plantas.

CONSIDERA ESTO

¿La energía solar y
la energía eólica son
recursos fáciles de obtener
en el lugar en el que vives?

Las plantas, tales como las fresas son recursos
renovables. Algunas producen alimento por muchas
temporadas, y otras deben plantarse en cada estación.

Recursos humanos

Cada septiembre, los estadounidenses celebran el Día del Trabajo. Se rinde homenaje a los trabajadores que proporcionan los bienes y servicios que necesitamos. El segundo factor de la producción es la mano de obra. La mano de obra es a la gente que realiza el trabajo. También alude a sus destrezas y conocimientos. Nada

A través de su trabajo, las personas prestan el servicio necesario para crear bienes y servicios. El arquitecto planificó el proyecto y estos constructores lo construyen.

puede ser fabricado, vendido o consumido sin las habilidades de las personas que lo hacen posible.

Hay muchos tipos de trabajo. Por ejemplo, en la escuela, los maestros enseñan a los estudiantes. La enfermera de la escuela cuida a los estudiantes enfermos. La secretaria de la oficina central organiza la documentación y atiende las peticiones de los padres. Cada trabajo es importante y necesita de diferentes habilidades para desempeñarlo.

CONSIDERA ESTO

La mano de obra es un factor de producción diferente, pues cada persona es única. ¿Es la mano de obra un recurso renovable? ¿Es limitado o ilimitado?

Una enfermera presta un servicio a sus pacientes cuando los examina. Ella trabaja con otros proveedores de servicios médicos para mantener a las personas saludables.

COMPARA Y CONTRASTA

No es necesario que un empleado tenga gran preparación para los trabajos que no requieren un conocimiento especializado. Normalmente tienen salarios bajos. Por el contrario, los trabajos que requieren personal cualificado solicitan personas que hayan invertido tiempo y dinero en formación antes de empezar a trabajar, pero también pagan bien. ¿Qué tipo de trabajo te gustaría más a ti?

Algunas destrezas se adquieren en el propio trabajo, como, por ejemplo, un cajero, que aprende a utilizar la caja registradora. Otros empleos requieren que un trabajador se forme externamente y aplique esos conocimientos en el trabajo. Un mecánico debe

Estos mecánicos ofrecen sus destrezas, conocimientos y trabajo físico al cliente cuando reparan su auto. Este es su trabajo.

18

recibir formación para saber cómo funciona un auto. Un arquitecto va a la universidad para aprender a diseñar edificios. El tipo de conocimiento y educación profesional difiere de unos trabajos a otros.

Se paga a los trabajadores según su trabajo. El dinero que reciben se llama sueldo o salario. Con este dinero compran los productos hechos por otros trabajadores. Los propietarios de las empresas obtienen beneficios, que es el dinero que queda tras pagar a todos los factores que intervienen en la producción.

Los trabajadores son productores que hacen su trabajo a cambio de un pago. Luego ellos usan el dinero para comprar bienes y servicios, lo cual los convierte en consumidores.

¿CÓMO SE HACE?

El factor final de la producción es el capital. Capital son los recursos elaborados por el hombre que realmente se requieren para hacer o proporcionar bienes y servicios. Lostipos de capital incluyen fábricas, edificios, maquinaria y bienes de equipo. La mano de obra proporciona el trabajo; la tierra o suelo, las materias primas, y el capital proporciona los medios de producción.

Las máquinas son herramientas necesarias para crear un bien, como café.

Los **medios de producción** son todas las cosas que se usan para fabricar un bien o proporcionar un servicio.

Volvamos a la galleta de chocolate. Se hace dentro de una fábrica, utilizando diferente maquinaria. Tenemos una gran mezcladora, que junta los ingredientes, y un horno, que cuece la galleta. La galleta terminada se pone en una cinta transportadora que la lleva a una máquina de embalaje donde se empaqueta con otras galletas. Finalmente se carga en un camión y se reparte por las tiendas para su venta. La fábrica, la mezcladora, el horno, la cinta transportadora y el camión son partes del capital que la empresa necesita para fabricar el producto.

Una fábrica y todas las máquinas en ella son el medio de producción para hacer un bien.

Cada negocio precisa de bienes de equipo. Los empleados de oficina necesitan computadoras, calculadoras y fotocopiadoras para llevar a cabo su trabajo. Los supermercados necesitan un edificio con estanterías, neveras, congeladores, carritos de la compra y letreros. Los trabajadores de la construcción

Una fotocopiadora se usa en toda clase de comercios. Los empleados las usan para crear documentos necesarios para vender sus bienes y servicios.

necesitan vehículos, herramientas y equipos de protección para realizar su tarea. Todos estos bienes de equipo son recursos de capital.

Dado que el capital no se encuentra en la naturaleza, como la tierra, tiene que comprarse. El dinero es importante porque se utiliza para comprar todas estas cosas. Las personas que montan el negocio son los que aportan este dinero.

CONSIDERA ESTO

Si quisieras poner un puesto de limonada, ¿qué recursos de capital necesitarías?

El equipo de seguridad es un tipo de capital. Aunque no se usa para crear bienes y servicios, protege los recursos del capital, trabajo y tierra.

COMENZAR UN NEGOCIO

Un negocio comienza con una persona que tiene una idea. A lo mejor inventa un nuevo producto y quiere vendérselo a los consumidores. Quizás proporciona un servicio en una zona donde aún no hay suficiente oferta de ese servicio. Una persona que inicia su propio negocio recibe el nombre

Un empresario puede convertir ideas y destrezas en productos que otros quieren comprar. Ella es su propia jefa.

de empresario. Algunos de los grandes empresarios de

los últimos tiempos son Steven Jobs, de Apple y Mark Zuckerberg, de Facebook, entre otros.

Algunos economistas consideran a los empresarios como el cuarto factor de la producción. Un empresario utiliza los tres factores de producción (mano de obra, tierra y capital) para fabricar un bien o proporcionar un servicio. Los empresarios ayudan a que una economía crezca. La economía debe crecer para satisfacer las necesidades de la gente y para crear riqueza.

Un **economista** estudia cómo funciona la economía.

El empresario Mark Zuckerberg creó Facebook con algunos amigos cuando estaba en la universidad. Hoy, es usado por millones de personas.

COMPARA Y CONTRASTA

¿Qué es lo que diferencia a un empresario de un trabajador asalariado ? ¿Cuáles son las ventajas y las desventajas?

Los empresarios son líderes empresariales. Su trabajo ayuda al crecimiento de la economía y puede hacerlos muy exitosos.

¿Qué tipo de persona constituye un buen empresario? Un empresario ha de tener ideas nuevas además de conocer su industria. Debe ser muy trabajador y buen líder para convencer a otras personas de que lo ayuden a sacar adelante la empresa. Los empresarios no tienen miedo al riesgo ni a intentar cosas nuevas.

Tener una empresa puede ser muy

gratificante. Es apasionante llevar a la práctica tu propia idea y montar un negocio que beneficie a otros también. Como estudiante, estás orgulloso de tu trabajo. Los empresarios sienten lo mismo por sus productos.

Sin embargo, montar un negocio no es fácil. Cuando una persona monta un negocio, normalmente no tiene suficiente dinero para pagar por todos los factores de producción. Buscan inversionistas para conseguir el dinero que les ayude a ponerlo en marcha. Un inversionista es alguien que aporta dinero para un negocio. Los inversionistas recuperan su dinero cuando la empresa obtiene beneficios.

Para atraer a inversionistas, un empresario debe crear y presentar un plan de negocios que detalle con precisión cómo esos bienes y servicios serán fabricados y vendidos.

Un sistema global

Los adelantos en el transporte y en las comunicaciones facilitan el comercio de bienes y servicios en todo el mundo. A esto se le suele llamar economía global. Por ello, cada negocio es una parte de toda esta economía global. Las acciones de los propietarios de las empresas pueden afectar a las personas de todo el mundo. Si los negocios en el mundo entero protegen los recursos naturales, habrá más para que todos puedan utilizarlos durante mucho tiempo.

En una economía sana, los recursos

Las personas en todo el mundo pueden acceder a bienes y servicios, gracias a la tecnología, como el transporte aéreo y redes de computación.

se utilizan con inteligencia. Una combinación adecuada de la tierra, la mano de obra y el capital en manos de emprendedores proporciona los bienes y servicios que la gente necesita para vivir.

CONSIDERA ESTO

Si solo pudieras utilizar los recursos que dispones a nivel local, ¿qué bienes y servicios podrías no tener?

El uso moderado de recursos es la clave de una economía saludable. La energía eólica, un recurso ilimitado, puede ser una elección inteligente para una empresa.

Glosario

beneficio dinero obtenido por la venta de un producto después de haber pagado los recursos utilizados.

capital recursos elaborados por el hombre utilizados en la creación de productos.

comercio intercambio de bienes y servicios por dinero.

comprar pagar por bienes o por servicios.

conservar proteger algo para que no se agote.

consumido comprado y utilizado por gente, que recibe el nombre de consumidores.

cosecha planta que se cultiva y recolecta.

economía sistema de productores y consumidores que crea riqueza.

eficientemente bien hecho, sin despilfarro.

empresario persona que monta un negocio.

factor parte de un proceso que conduce a un resultado.

inversionista persona que aporta dinero para un negocio, que recuperará más adelante con beneficios.

fabricar utilizar materias primas para crear bienes para la venta.

mano de obra personas que hacen su trabajo a cambio de dinero.

producto bien o servicio intercambiado por dinero.

recursos lo que se necesita para fabricar productos.

renovable que se puede volver a crear.

requerido algo que es necesario.

sociedad personas que viven todas juntas en una comunidad, que comparten leyes y tradiciones.

sueldo o salario dinero que reciben los trabajadores a cambio de su trabajo.

suelo recurso que se encuentra dentro o sobre la tierra.

único que no hay otro igual.

Para más información

Libros

Balconi, Michelle A, and Arthur Laffer. *Let's Chat About Economics!: Basic Principles Through Everyday Scenarios*. Grosse Point Park, MI: Gichigami Press, 2014.

Britton, Tamara L. *Eye On Economics (Economy in Action!)*. Edina, MN: Checkerboard Library, 2012.

Buffet, Warren. *How to Start Your Very First Business*. New York, NY: Downtown Books, 2015

Latchana Kenney, Karen. *Economics Through Infographics*. Minneapolis, MN: Lerner Publications, 2014.

Roome, Hugh. *The Global Economy*. New York, NY: Scholastic, 2013

Sitios de Internet

Debido a que los enlaces de Internet cambian a menudo, Rosen Publishing ha creado una lista de los sitios de Internet que tratan sobre el tema de este libro. Este sitio se actualiza con regularidad. Por favor, usa este enlace para ver la lista:

http://www.rosenlinks.com/ LFO/supp

ÍNDICE